궁금해요, 이순신

궁금해요, 이순신

초판 1쇄 발행 2020년 7월 30일 | **초판 4쇄 발행** 2024년 11월 29일
글쓴이 안선모 | **그린이** 한용욱
펴낸이 홍석 | **이사** 홍성우 | **편집부장** 이정은 | **편집** 조유진
디자인 권영은, 김영주 | **외주디자인** 신영미 | **마케팅** 이송희, 김민경 | **제작** 홍보람 | **관리** 최우리, 정원경, 조영행
펴낸곳 도서출판 풀빛 | **등록** 1979년 3월 6일 제 2021-000055호
주소 서울특별시 강서구 양천로 583 우림블루나인 A동 21층 2110호
전화 02-363-5995(영업) 02-362-8900(편집) | **팩스** 070-4275-0445
전자우편 kids@pulbit.co.kr | **홈페이지** www.pulbit.co.kr
블로그 blog.naver.com/pulbitbooks | **인스타그램** instagram.com/pulbitkids

ISBN 979-11-6172-261-0 74990
      978-89-7474-499-1 (세트)

ⓒ 안선모, 한용욱 2020

*책값은 뒤표지에 표시되어 있습니다.   *파본이나 잘못된 책은 구입하신 곳에서 바꿔드립니다.

품명 아동 도서   **사용연령** 8세 이상
제조국 대한민국   **제조년월** 2024년 11월 29일
제조자명 도서출판 풀빛   **연락처** 02-363-5995
주소 서울특별시 강서구 양천로 583 우림블루나인 A동 21층 2110호
주의사항 종이에 베이거나 긁히지 않도록 조심하세요.
책 모서리가 날카로우니 던지거나 떨어뜨리지 마세요.
KC마크는 이 제품이 공통안전기준에 적합하였음을 의미합니다.

작가의 말

이순신 장군이 특별했던 이유

이 글을 읽는 어린이 여러분, '이순신' 하면 어떤 생각이 떠오르나요?

세계 최초의 철갑선 거북선? 왜군을 크게 무찌른 한산도 대첩? 아니면 임진왜란이 일어난 7년 동안 꾸준히 일기를 써서 《난중일기》라는 책을 남겼다는 것?

물론 이것들은 다 이순신 장군을 생각할 때 빼놓을 수 없는 것들이지요.

그런데 저는 이 책을 쓰면서 여러 책을 읽다 보니 이순신 장군의 참 특별했던 점을 발견했어요.

그건 바로 '사람'을 가장 중요하게 생각한다는 거였어요. 그 시대 사람들은 주로 벼슬, 권세, 체면 이런 것들을 가장 중요하게 생각하는데 말이죠.

미천한 백성들을 위하여 온 힘을 다해 싸우는 사람, 물 긷는 병사들의 고생을 덜어 주기 위하여 부엌까지 물길을 끌어다 준 사람, 추위에 떠는 병사들에게 자신의 옷을 아낌없이 내주는 사람, 한가위가 되면 송편을 빚고 동지가 되

면 팥죽을 쑤어 잔치를 벌이던 사람, 장수와 병사에 이르기까지 재주 있는 사람들을 가려내어 재능을 활짝 펼치도록 해 주는 사람, 부하들과 스스럼없이 지내려 노력하며 시간이 날 때면 그들과 놀이를 하는 사람, 부하들이 하는 얘기를 귀담아 듣고 어려운 일이 생길 때면 직접 나서서 해결해 주는 사람, 돌아가신 두 형님의 자식까지도 내 자식처럼 끝까지 돌본 사람.

만약에 이순신 장군 같은 분이 안 계셨다면 우리나라는 과연 어떻게 되었을까요?

생각만 해도 끔찍한 일이에요.

이순신 장군이 단순히 작전이 뛰어나고 전쟁을 잘하는 사람이었다면 과연 지금까지 위대한 인물로 남을 수 있었을까요?

어린이 여러분, 이 책을 읽으면서 이순신 장군이 얼마나 사람들을 사랑하고 아꼈는지 느껴 보면 좋겠어요. 또 어떻게 살아야 잘 사는 건가? 그런 생각도 좀 해 보면 좋겠어요.

안선모

차례

작가의 말	4
건천동 골목대장	8
뱀밭골 꼬마 대장	20
무과에 급제하다	30
힘겨운 벼슬길	36
거북선을 만들다	48

임진왜란　　　　　　　　　　　　58

승리 또 승리!　　　　　　　　　　68

또다시 백의종군　　　　　　　　　80

아, 명량!　　　　　　　　　　　　88

장렬한 최후　　　　　　　　　　　98

 건천동 골목대장

"오늘 전쟁놀이는 저기 저 다리를 먼저 점령하는 편이 이기는 거다. 어때?"

순신이 제안하는 전쟁놀이는 날마다 새로웠고 흥미로웠습니다.

순신의 말이 끝나자 아이들이 편을 나눈 후 다리를 중심으로 흩어졌습니다.

다리 이쪽 편에서 대장을 맡은 순신은 머리를 맞대고 작전 회의를 했습니다.

"가장 힘센 아이를 첫 번째 공격 대상으로 삼자. 다리를 점령하는 것도 중요하지만 다치지 않는 게 더 중요해. 알았지?"

순신의 말에 아이들이 힘차게 고개를 끄덕였습니다. 작은 다리를 사이에 두고 두 패로 나뉜 아이들이 상대편을 노려보며 맞서고 있었습니다.

"앞으로 돌격!"

맨 앞에 선 순신이 공격 명령을 내렸습니다.

"와아!"

아이들이 함성을 지르며 다리를 향해 달려갔습니다. 그러자 다리 건너편의 아이들도 질세라 소리를 지르며 다리를 향해 달려왔습니다.

바로 그때였습니다.

"쉬잇! 물렀거라! 대감님 행차시다!"

달려가던 아이들이 멈칫하고 그 자리에 서서 소리 나는 쪽을 바라

보았습니다. 사인교(앞뒤 두 사람씩 메는 가마)를 탄 어느 대감의 행차였습니다.

"어서 비키지 못할까!"

앞에 선 하인의 고함 소리에 아이들이 놀라 허둥지둥 옆으로 비켜섰습니다. 사인교는 아이들을 헤치고 앞으로 나아갔습니다.

그때였습니다. 순신이 두 팔을 벌려 사인교를 막아섰습니다.

"잠깐! 이 다리로는 지나가실 수 없습니다."

깜짝 놀란 대감이 내려다보니, 나무칼을 찬 소년이 다리 한가운데에 서 있었습니다.

"아니, 요 녀석이! 무엄하게 앞을 막다니! 썩 비키지 못할까!"

앞에 선 하인이 어이가 없다는 표정으로 소리를 질렀습니다. 그러나 순신은 눈 하나 깜짝하지 않았습니다.

"지금 여기는 전쟁 중이라 지나갈 수 없습니다. 안전한 곳으로 돌아가십시오."

"어허, 이 녀석 봐라! 전쟁 중이니 돌아가라고?"

"예, 그렇습니다. 지금 막 치열한 전투를 시작하려는 것이 안 보이십니까?"

"뭐라고! 너 이 녀석, 말로 해선 안 되겠구나! 혼쭐을 내 줘야겠군."

화가 머리끝까지 난 하인이 소매를 걷어붙이고 순신 앞으로 다가갔습니다. 하인이 순신의 멱살을 잡으려고 달려들자, 순신은 재빨리 뒤로 물러섰습니다. 그리고 허리에 찬 나무칼을 뽑아 들고 공격 자세를 갖추었습니다.

"아니, 이 녀석이!"

달려들던 하인이 순간 멈칫하며 당황한 표정을 지었습니다. 구경하던 대감도 불쾌한 듯 얼굴을 찡그렸습니다.

이때였습니다. 저 멀리서 한 소년이 헐레벌떡 달려오며 소리쳤습니다.

"잠깐 멈추시오!"

소년은 숨을 헐떡이며 달려오더니 하인과 순신 사이를 가로막아섰습니다.

"어, 성룡이잖아?"

"조금 늦는다고 하더니 약속대로 왔네."

아이들이 유성룡을 보며 수군거렸습니다.

유성룡은 먼저 사인교에 앉아 있는 대감에게 공손히 절을 올리고 차분한 목소리로 말했습니다.
"저는 이웃 마을에 사는 유성룡이라고 하는데, 이 아이 순신의 친구입니다. 보아하니 아이들이 전쟁놀이를 하면서 어르신의 길을 막아선 것 같은데 제가 대신 사죄를 올리겠습니다."
대감은 예의 바른 유성룡의 말을 듣고 화가 조금 풀렸습니다.

"보아하니 너희들은 양반집 자제들 같구나. 지금은 내 갈 길이 바쁘니 어서 길을 열도록 하여라."

그 말에 순신이 한 발자국 앞으로 나서며 소리쳤습니다.

"그럴 수는 없습니다! 대감님의 행차가 지나간다고 해서 전투를 그만둘 수는 없습니다. 그러니 어서 물러서 주십시오."

"저런 고얀 놈을 봤나! 내 저 소년을 보아 용서해 주려고 했더니 도저히 안 되겠구나. 여봐라, 저 건방진 놈을 당장 잡아 오너라!"

화가 머리끝까지 난 대감이 하인들에게 명령했습니다. 그러자 유성룡이 황급히 대감 앞으로 나서며 말했습니다.

"어르신, 조금만 노여움을 참으시고 제 말씀을 들어 주십시오."

화가 잔뜩 난 대감이 얼굴을 찌푸린 채 유성룡을 내려다보았습니다.

"대장 노릇을 하고 있는 제 친구 이순신은 외적으로부터 나라를 지키는 훈련을 하고 있다고 생각하고 있습니다. 앞으로 제 친구는 이 나라를 지킬 훌륭한 장군이 될 것입니다. 나라를 지키려는 충성심을 어여삐 여기시어 부디 노여움을 푸시고 다른 길로 돌아가셨으면 합니다."

유성룡의 조리 있고 간절한 말에 대감은 잠시 생각에 잠겼습니다.

"좋다! 그렇다면 내 저 소년 대장에게 하나 물어보고 싶은 게 있다. 만일 임금님이 이곳을 지나시려고 한다면 어떻게 할 테냐?"

그러자 순신이 자신만만하게 대답했습니다.

"그런 말씀이 어디 있단 말입니까? 어떻게 임금님께 전쟁터를 지나가시게 한단 말입니까? 제가 장군이 된다면 절대로 그런 일은 없을 것입니다."

이순신의 거침없는 대답에 대감은 놀라 입이 크게 벌어졌습니다.

"허허, 정말 당돌한 녀석이로구먼! 내가 졌다, 졌어! 어서 전투를 계속하도록 해라."

사인교가 다리 밖으로 물러나자 아이들의 전쟁놀이는 다시 시작되었습니다.

대감은 그 모습을 한참 동안 지켜보았습니다.
"어느 집 자제들인지 참으로 똑똑하구나! 장차 큰 인물이 되겠어."

뱀밭골 꼬마 대장

그러던 어느 날이었습니다. 순신의 아버지가 네 아들을 불러 앉혔습니다.

"얘들아, 시골로 이사를 가기로 했단다. 너희들도 알다시피 네 어머니 삯바느질로는 더 이상 살림을 꾸려 갈 수가 없구나."

급작스러운 소식에 네 형제는 아무 말도 하지 못했습니다.

"어디로 가실 건데요?"

첫째 희신이 물었습니다.

"네 어머니와 의논하여 외갓집이 있는 아산으로 가기로 했다."

순신은 그 길로 세 살 위인 단짝 친구 유성룡을 찾아갔습니다.

"순신아, 지금 헤어진다고 너무 슬퍼하지 말자. 언젠가 꼭 만나게 될 테니 말이야. 그동안 서로에게 부끄럽지 않은 사람이 되도록 열심히 노력하자."

"옳은 말이야. 나도 그 말 가슴에 새기고 열심히 노력할게. 형, 글공부 열심히 해서 꼭 과거에 급제해."

"그래, 너도 반드시 글공부를 하면서 무술을 익히렴."

순신네가 이사를 간 곳은 충청도 아산군 뱀밭골이었습니다. 아산으로 이사 온 순신은 산과 들을 쏘다니며 마음껏 뛰어놀았습니다.

"한양 샌님, 한양 샌님!"

한양에서 이사 온 순신을 이렇게 놀렸던 마을 아이들은 차츰 순신이가 어떤 아이인지 알게 되었습니다. 마을 아이들은 곧 순신을 대장으로 삼았습니다.

이순신의 전쟁놀이는 하루도 빠짐없이 계속되었습니다. 넘어져 무릎을 다치거나 얼굴이 찢어져 피가 나고 심지어 팔이 부러지는 아이도 생겨났습니다.

보다 못한 마을 사람들이 순신의 집으로 몰려왔습니다.

"아니, 한양에서 온 도령이라고 해서 얌전한 줄 알았는데 이게 무슨 일입니까?"

"하루 이틀도 아니고 날마다 전쟁놀이를 하니 정말 못 살겠습니다. 아이들이 다치고 찢어지고 심지어 뼈가 부러지기도 합니다."

"아이고, 제발 순신이가 전쟁놀이 좀 못 하게 해 주세요."

마을 사람들은 순신의 어머니와 아버지에게 따지기도 하고 두 손 모아 애원을 하기도 했습니다.

그러자 그동안 별 말씀이 없던 아버지가 순신을 불러 조용히 물었습니다.

"너는 장차 무엇이 되려고 하느냐?"

"물론 훌륭한 장수가 되어야지요."

"훌륭한 장수라? 그렇다면 네가 생각하는 장수란 어떤 사람이더냐?"

"장수란 많은 군사를 거느리고 외적으로부터 나라와 백성을 지키는 사람입니다."

"네 말이 맞다! 그런 장수가 되려면 갖추어야 할 것이 무엇이라고 생각하느냐?"

순신은 잠시 생각에 잠겼습니다. 그러고는 자신 있게 입을 열었습니다.

"장수가 되려면 먼저 무예와 병법을 익혀야 합니다."

"그래? 무예와 병법만 익히면 모두 다 장수가 될 수 있느냐?"

"아닙니다. 장수는 나라와 백성을 위해서는 언제라도 제 한 몸을 버릴 수 있어야 하고, 부하 군졸들의 안전을 지킬 수 있어야 하며, 전쟁을 하면 반드시 승리를 거두어야 합니다."

"음, 그래. 잘 알고 있구나. 순신아, 그런데 너는 지금 장수가 되는 길로 가기 위해 잘하고 있다

고 생각하느냐?"

"그, 그건……."

순신은 그만 말문이 막혔습니다.

"지금처럼 전쟁놀이만 한다고 장수가 될 수 있다고 생각하느냐?"

순신은 대답을 하지 못했습니다.

"네가 생각한 대로 장수란 무예나 병법에 능통하다고 해서 되는 것이 아니다. 그것보다 더 중요한 것은 바로 열심히 학문에 힘써 사람의 도리를 깨치고 뛰어난 지혜를 갖추는 것이다. 그러니 지금부터라도 참된 장수가 되는 길을 닦도록 해라."

"예, 아버님. 잘 알겠습니다."

그날부터 순신은 그간 멀리했던 책을 가까이하게 되었습니다.

어느 날, 순신은 이웃 마을에 사는 방진이란 분을 찾아갔습니다. 방진은 보성 군수를 지낸 무관으로 활을 잘 쏘기로 이름이 나 있었습니다.

"무슨 일로 나를 찾아왔느냐?"

"저는 이웃 마을에 사는 이순신입니다. 어르신께 무예를 배우고 싶습니다."

그러자 방진이 활짝 웃으며 말했습니다.

"이순신? 그 유명한 뱀밭골 꼬마 대장이 바로 너란 말이냐? 먼저 네 실력부터 시험해 봐야겠다."

그러면서 방진은 이순신을 뒤뜰에 있는 활터로 데리고 갔습니다.

"이 활로 저 과녁을 맞혀 보아라."

방진이 내미는 활과 화살은 이순신이 이제까지 본 것들과는 달랐습니다. 그래도 이순신은 자신감에 넘쳐 화살을 쏘았습니다. 하지만 이순신이 쏜 화살은 번번이 과녁을 벗어났습니다. 다섯 대를 연거푸 쏘아 네 번째에서야 겨우 과녁에 명중시켰습니다.

"어르신, 보잘것없는 실력을 보여 드려서 면목이 없습니다."
이순신은 기어들어 가는 목소리로 말했습니다.
"아니다, 잘했다. 당장 내일부터 와서 무술을 익히도록 해라."
"예? 한 개밖에 못 맞혔는데 잘했다고요?"
이순신은 뜻밖의 칭찬에 어찌할 바를 몰랐습니다.
방진이 건넨 활은 아무나 가볍게 다룰 수 없는 철궁이었습니다.
'이런 활을, 그것도 처음 쏘아 보는데 명중까지 시키다니 이 아이는 예사 소년이 아니구나.'
방진은 이순신에게 무예를 가르치는 한편 틈틈이 병법도 가르쳤습니다.

 무과에 급제하다

이순신은 스무 살이 되던 해, 스승인 방진의 무남독녀 외동딸과 결혼을 했습니다. 어질고 현명한 아내를 맞이하게 된 순신은 더 열심히 학문과 무예를 익혔습니다.

'하루빨리 과거에 합격하여 무관이 되어야 할 텐데.'

이순신의 할아버지 이백록은 나라를 개혁하려다가 죽음을 맞이했습니다. 그 뒤 이순신의 집안은 몰락했고 아버지 이정은 평생 벼슬을 못 하고 글 읽는 선비로만 살았습니다. 이순신은 과거에 급제하여 아버지의 한을 풀어 드리고 싶었습니다.

이러한 순신의 마음을 알아챈 장인은 순신이 오직 무과 시험에만 전념할 수 있도록 배려를 해 주었습니다. 이순신은 본격적으로 말타기, 활쏘기, 창 다루기 등의 무예 훈련을 하였습니다.

스물여덟이 되던 해 8월, 드디어 훈련원에서 무관을 뽑는다는 공고가 붙었습니다.

이순신은 서둘러 한양을 향해 길을 떠났습니다. 무과를 치르는 훈련원의 운동장에는 시험을 보러 온 젊은이들과 구경하는 사람들로 북적거렸습니다. 첫 번째 시험은 활쏘기로, 이순신이 가장 자신 있는 종목이었습니다.

순신은 침착하게 활을 쏘았습니다. 화살 다섯 대가 힘차게 날아가 모두 과녁 중앙에 꽂혔습니다.

"우와, 모두 명중이야!"

구경꾼들로부터 박수가 터져 나왔습니다.

다음 시험은 말타기였습니다. 이순신이 훈련원의 넓은 마당을 힘차게 달려 마지막 장애물을 넘을 때였습니다. 잘 달리던 말이 무엇에 놀랐는지 공중으로 솟구치더니 벌러덩 옆으로 쓰러졌습니다. 이순신도 공중으로 치솟았다가 그대로 땅바닥에 내리꽂혔습니다.

"에구머니나, 저를 어째!"

"괜찮을까? 심하게 떨어졌는데 죽었으면 어쩌지?"

구경꾼들이 안타까워 어쩔 줄 몰라 하며 발을 동동 굴렀습니다.

그때였습니다. 이순신이 꿈틀 움직이더니 힘겹게 일어섰습니다. 그리고 왼쪽 다리를 심하게 절룩거리며 버드나무 쪽으로 걸어갔습니다.

구경꾼들이 안타까운 듯 수군댔습니다.

"저런, 쯧쯧. 다리가 부러졌나 봐."

"그런데 어디로 가는 거지?"

버드나무에 도착하자, 이순신은 축 늘어진 가지를 꺾어 껍질을 벗겨 냈습니다. 그리고 그 가지로

부러진 다리를 칭칭 동여맸습니다. 그런 후 다시 절룩절룩 말 있는 곳으로 가더니 말 위에 올라탔습니다.

"정말 대단한 젊은이야. 의지가 대단해."

"그냥 포기할 법도 한데……."

그 모습에 놀란 구경꾼들은 이순신을 응원하기 시작했습니다.

"천천히 침착하게."

"그렇지, 그렇지! 그렇게 하는 거야!"

이순신은 이를 악물고 다시 시작하여 마침내 마지막 장애물까지 뛰어넘었습니다. 지켜보던 사람들이 환호성을 질렀습니다. 시험관들도 참을성 있고 침착한 이순신을 보며 깜짝 놀랐습니다. 하지만 과거에는 낙방하고 말았습니다. 이 일이 있고 나서 이순신은 더욱 열심히 학문과 무예를 닦았습니다.

1576년(선조 9년) 2월, 이순신은 32세의 나이에 드디어 무과 시험에 합격하였습니다.

힘겨운 벼슬길

이순신의 첫 벼슬은 동구비보를 지키는 군관이었습니다. 동구비보는 백두산 아래에 있는 첩첩산골로 여진족이 자주 쳐들어오는 위험한 곳이었습니다.

12월의 매서운 겨울바람을 가르며 도착한 동구비보는 그야말로 엉망진창이었습니다.

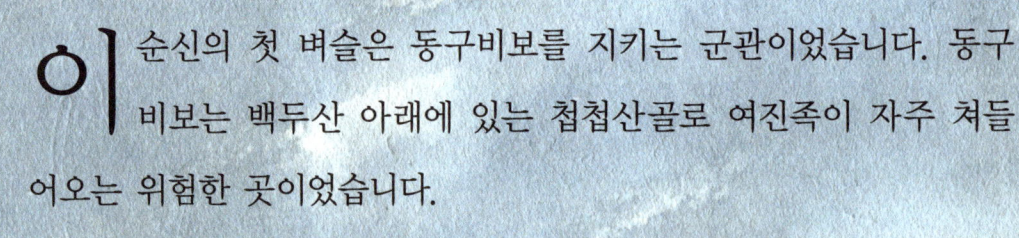

성벽은 거의 허물어졌고, 무기는 벌겋게 녹이 슬었습니다.
병사들은 하루빨리 군역을 마치고 집으로 돌아갈 날만 기다리고 있었습니다.
"아, 이런 때에 여진족이 쳐들어오기라도 하면 어찌한단 말이냐?"
이순신은 가장 먼저 무기를 고치고 병사들에게 훈련을 시켰습니다.

그런 다음 시간이 나는 대로 무너진 성벽을 다시 쌓았습니다.

"한겨울에 웬 훈련이야? 오랑캐가 쳐들어 올 리도 없는데 말이야."

하지만 아무도 불평불만을 밖으로 꺼내지 않았습니다. 이순신의 눈빛이 호랑이보다 더 무서운 데다 이순신이 병사들과 똑같이 먹고 자고 훈련하며 고생을 함께했기 때문이었습니다.

동구비보는 몇 달이 지나지 않아 여진족이 감히 넘보지 못하는 튼튼한 요새가 되었습니다.

3년이 지나자 이순신은 훈련원 봉사(종8품)로 승진하여 한양으로 올라왔습니다. 훈련원은 이순신이 무과 시험을 치른 곳이라 감회가 새로웠습니다. 그리고 무엇보다 기쁜 것은 그동안 헤어져 살던 가족과 같이 살게 되었다는 것이었습니다.

훈련원으로 옮겨 온 지 몇 달이 지나지 않아서였습니다. 어느 날, 이조 정랑(정5품 벼슬) 서익이 은밀히 이순신을 불렀습니다.

"훈련원에서 일하는 내 친구를 이번에 높은 자리에 앉히려고 하네. 자네가 서류를 잘 좀 꾸며 주게."

"대감, 그분은 아직 승진할 순서가 되지 않아 추천할 수 없습니다. 그리고 서류를 거짓으로 꾸며 쓰는 것은 법에 어긋나므로 할 수 없습니다."

이순신이 단호하게 거절하자 서익은 얼굴을 붉히며 이순신을 노려보았습니다.

"내 말을 거역하고도 네가 온전히 벼슬살이를 할 것 같으냐?"

서익은 노여움에 이를 부득부득 갈았습니다.

얼마 지나지 않아 서익은 이순신을 충청도로 쫓아냈습니다. 그러나 이순신은 아무 불평 없이 충청도로 내려가 열심히 일했습니다. 그곳에서 신임을 얻은 이순신은 1580년 7월에, 발포(전라남도 고흥)의 수군만호(수군 수비대장으로 종4품의 관직)로 승진이 되었습니다.

'육지에서만 일하다가 처음 수군에서 일해서 그런지 모르

는 게 너무 많아.'

이순신은 수군의 여러 가지 일들을 하나하나 익혀 나갔습니다. 그렇게 하다 보니 수군의 사정도 함경도 동구비보와 마찬가지로 문제가 많다는 것을 알게 되었습니다. 무기와 배의 관리가 허술하고 병사들의 해이해진 태도도 동구비보와 비슷했습니다.

이순신은 동구비보에서의 일들을 참고로 문제들을 하나하나 해결해 나갔습니다. 그리하여 발포의 수군은 전라 좌수영의 어느 곳보다 튼튼하고 사기가 높은 곳이 되었습니다.

1582년 봄, 선조는 수군의 방비 상태를 점검하기 위해 감찰관을 각 지역으로 내려보냈습니다. 그런데 전라도 지역을 맡은 사람이 바로 이순신에게 앙심을 품고 있던 서익이었습니다.

'오냐, 이순신. 너 두고 보자.'

서익은 발포의 수군이 허술하고 군사들의 사기가 엉망이며 이순신의 지휘에도 문제가 많다고 거짓 보고를 올렸습니다. 이순신은 발포의 수군만호에서 또다시 쫓겨나고 말았습니다.

고향으로 돌아온 이순신은 우울한 나날을 보내고 있었습니다. 하루는 친구 유성룡이 아산으로 찾아왔습니다. 유성룡은 일찍 벼슬길에 올라 높은 벼슬자리에 앉아 있었습니다.

"이보게, 순신이. 벼슬자리가 자꾸 내리막길이니 이 일을 어찌하면 좋은가! 이번 기회에 율곡 대감을 한번 찾아가 보게. 대감께서 자네를 무척 보고 싶어하시네."

율곡 이이는 학식이 높고 인품이 뛰어난 학자였습니다.

또 나라의 인재를 뽑아 벼슬자리를 정해 주는 이조 판서 자리에 있었습니다.

이순신은 고개를 저으며 말했습니다.

"허허, 나는 윗사람의 힘을 빌려 벼슬을 얻고 싶지 않네."

"그럴 줄 알았어. 역시 이순신은 이순신이야."

유성룡은 이순신의 두 손을 꽉 부여잡았습니다.

얼마 뒤 이순신은 또다시 북쪽 지방을 지키게 되었습니다.

'여진족이 호시탐탐 이곳을 노리고 있어. 하루빨리 대비책을 마련해야겠어.'

이순신이 이런 생각을 상관인 북병사 이일에게 전했지만, 이일은 들은 척도 하지 않았습니다.

그리고 그해 가을 여진족이 쳐들어왔습니다. 이순신은 병사들과 함께 여진족을 물리쳤습니다.

뒤늦게 이 싸움에 대해 전해 들은 북병사 이일은 가슴이 철렁 내려앉았습니다. 이일은 이순신이 수비를 제대로 하지 않았다고 조정에 거짓 보고를 올렸고 이순신은 옥에 갇혔습니다.

다행히 이순신의 누명은 벗겨졌지만 벼슬 없이 전쟁터에 나가 싸우라는 명을 받았습니다. 이순신의 첫 번째 백의종군이었습니다. 다음 해에 이순신은 두만강을 건너 여진족의 근거지를 습격했고 그 싸움에서 큰 공을 세워 백의종군의 죄를 벗었습니다.

 거북선을 만들다

1589년 이순신은 전라도 정읍의 현감이 되었습니다. 마흔다섯 살에 한 고을을 다스리는 책임자가 된 이순신은 모처럼 온 가족이 함께 살 수 있어 기뻤습니다. 아버지가 돌아가시고 두 형마저 세상을 떠난 터라 이순신 홀로 집안을 꾸려 나갔습니다. 늙으신 어머니와 어린 자식들, 조카들까지 합쳐 무려 스물네 명의 대식구였습니다.

 정읍에 도착하자마자 이순신은 관아에 근무하는 벼슬아치들을 불러 고을의 사정을 소상하게 물었습니다. 그리고 수시로 백성들을 만나 어려운 일이나 딱한 사정들을 듣고 해결해 주었습니다.
 "우리 사또 같은 분이 또 있을까?"
 백성들은 이런 이순신을 존경하고 따르게 되었습니다.
 그 무렵 바다 건너 일본에서는 큰 변화가 일고 있었습니다. 1590년, 도요토미 히데요시가 수십 개의 나라로 나뉘어 있던 일본을 통일했습니다. 막대한 군사와 권력을 쥐게 된 도요토미 히데요시는 헛된 야심을 품었습니다.

"명나라와 조선을 집어삼키리라. 나에게는 잘 훈련된 군사들과 서양에서 들여온 조총이 있다. 무엇이 두려울 것인가!"

전쟁 소문은 조선까지 들려왔고 백성들은 불안에 떨었습니다. 하지만 선조 임금과 조정 대신들은 전쟁이 일어날 리 없다고 굳게 믿었습니다.

1591년 선조는 여러 대신들을 모아 놓고 입을 열었습니다.

"근래 들어 왜구들의 노략질이 빈번하다고 들었소. 전라 좌수사의 자리가 비어 있으니 알맞은 사람을 추천해 주시오."

이때 좌의정 유성룡이 나섰습니다.

"전하, 이순신은 북쪽 변방에서 오랑캐를 무찔러 큰 공을 세운 장수입니다. 그에게 중책을 맡겨 보십시오."

그러자 유성룡의 반대파 대신들이 들고 일어났습니다.

"전하, 어떻게 현감을 지낸 자에게 좌수사라는 큰 자리를 맡길 수 있겠습니까? 말도 안 되는 일이옵니다."

신하들의 반대가 심했지만, 유성룡을 신임하고 있던 선조는 이순신을 전라 좌수사로 임명했습니다. 이때 이순신의 나이 47세였습니다.

전라 좌수영이 있는 여수에 도착한 다음 날부터 이순신은 부대의 시설과 무기를 점검해 보았습니다.

'허허, 이게 정말 군대란 말인가?'

헛웃음이 나올 정도로 어느 것 하나 제대로 된 것이 없었습니다. 몇 척 되지 않는 군선은 낡을 대로 낡았고, 무기들은 창고 안에서 뻘겋게 녹이 슨 채 뒹굴고 있었습니다. 군사들의 사기는 떨어질 대로 떨어져 있었습니다.

그날부터 이순신은 전라 좌수영의 각 섬과 진지를 돌며 군비 상태를 살피고 수군들을 훈련시켰습니다. 그러자 여기저기에서 불평하는 목소리가 터져 나왔습니다.

"에구에구, 힘들어. 무엇 때문에 이렇게 힘들게 훈련을 하는 거야?"

"왜놈들보다 새로 온 수사 등쌀에 못 살겠네."

그러나 이순신은 훈련의 고삐를 늦추지 않았습니다. 수시로 무기와 시설들을 검열하여 조금이라도 잘못을 저지르면 벌을 주었습니다. 반대로 정비가 잘된 곳, 자신의 임무에 충실한 병사들에게는 칭찬과 상을 아낌없이 내렸습니다.

그 무렵 이순신은 화포에 관심이 많았습니다.

'왜군들은 서양에서 들여온 조총을 전투에 사용하고 있다. 우리도 화포를 사용한다면 바다 싸움에서 대단한 위력을 발휘할 것이다.'

이순신은 화포의 개량 작업에 착수하였습니다.

그리하여 종전의 화포보다 성능이 우수한 네 종류의 화포를 개발하여 배에 장착하였습니다.

어느 날이었습니다. 창고를 정리하던 이순신은 헌 문서 한 묶음을 발견했습니다.

'아니, 이것은 태종 때 개발했다던 거북선에 대한 기록 아닌가?'

며칠 동안 문서를 꼼꼼히 살펴보던 이순신은 배를 만드는 전문가인 군관 나대용을 불렀습니다.

"이런 배를 만들어 볼 생각이 있는가?"

"장군님, 맡겨만 주신다면 제 손으로 꼭 만들어 보고 싶습니다."

다음 날부터 나대용은 밤낮을 가리지 않고 거북선의 제작에 몰두하였습니다.

1592년 4월 12일, 여수의 하늘과 바다는 맑고 푸르고 잔잔했습니다.

드디어 거북선이 모습을 드러냈습니다.
"우와! 세상에 저런 배가 있다니!"
"괴물 배다, 괴물 배."
구경 나온 사람들과 병사들의 입에서는 탄성이 터져 나왔습니다. 무시무시한 용머리에서 꾸역꾸역 연기가 뿜어져 나왔습니다.

도깨비 문양의 돌기를 가슴에 단 거북선은 보기에도 무서워 보였습니다.

포구에서 구경하던 백성들과 병사들은 일제히 환호성을 질렀습니다.

"이순신 만세! 좌수영 만세!"

"조선 수군, 만세!"

북소리가 울리자 거북선이 바다로 방향을 틀었습니다. 노를 젓는 격군들도, 총포 앞에 대기하고 있던 포수들도 가슴이 벅찼습니다. 거북선이 넓은 바다로 나오자 나대용이 힘차게 외쳤습니다.

"대포를 쏘아라!

거북선에서 대포가 날아갔습니다. 날아간 포탄에 물기둥이 하늘로 솟구쳐 올랐습니다.

이 광경을 바라보는 이순신의 얼굴에 미소가 떠올랐습니다.

임진왜란

1592년 4월 15일, 이순신은 거북선을 만들기 위해 밤낮으로 일한 병사들에게 상을 내리고 휴가를 주었습니다. 오후가 되어 뜰을 거닐고 있는데 군관 한 사람이 허둥지둥 달려왔습니다.

"좌수사 나리, 왜적이 쳐들어왔답니다."

군관과 함께 달려온 전령이 경상 우수사 원균이 보낸 공문을 건넸습니다. 1592년 4월 13일 오후, 왜선 90여 척이 부산포 앞 절영도(영도)에 정박

하고 있다는 내용이었습니다. 잇달아 원균으로부터 두 번째 전령이 왔습니다. 왜선 350여 척이 부산포 맞은편에 당도했다는 내용이었습니다.

이틀 뒤에야 전쟁 소식을 들은 이순신은 전라 좌수영에 비상령을 내렸습니다. 전쟁을 알리는 북소리가 울리고 봉화대에 봉화가 올라갔습니다.

이순신은 즉시 부산 앞바다로 나가 왜적과 싸우고 싶었습니다. 하지만 임금의 명령 없이는 그 누구도 자기 구역을 벗어날 수 없었습니다. 이순신은 할 수 없이 왜적에 대한 정찰 활동을 하며, 바다에 나가 훈련하면서 출전 명령을 기다렸습니다.

경상도에서 날아오는 소식은 모두 패전뿐이었습니다. 경상 우수사 원균과 경상 좌수사 박홍은 싸움 한번 못하고 무너진 채 이순신의 도움만 바라고 있었습니다. 남쪽 바다를 지킬 수 있는 것은 이제 전라 수군밖에 없었습니다.

"장군, 당장 부산으로 갑시다. 나라가 바람 앞의 등불처럼 위태로운데 장수 된 자로서 어찌 자기 구역만 지킨단 말입니까?"

부하 장수들의 말에 이순신은 마음이 든든했습니다.

전라 좌수사 이순신은 경상도로 가서 경상 우수사 원균을 도와 왜적을 쳐라!

드디어 기다리던 임금의 출전 명령이 떨어졌습니다. 이순신은 전라 우수사 이억기에게 합동 작전을 벌이자고 공문을 띄웠습니다. 그런데 며칠이 지나도 이억기의 수군이 나타나지 않았습니다. 이순신은 더 이상 기다릴 수 없어 단독으로 출동하기로 했습니다.

5월 4일 새벽, 이순신과 여든다섯 척의 배는 어둠을 뚫고 여수로 떠났습니다. 다음 날, 당포 앞바다에 이르렀는데 만나기로 약속한 원균마저 보이지 않았습니다.

'무슨 일이 벌어진 걸까? 경상도 수군은 전멸한 것일까?'

조금 후에 원균이 나타났습니다. 그런데 원균이 이끌고 온 배는 달랑 네 척뿐이었습니다. 알고 보니 원균은 왜적과 싸우다 계속 지니까 지레 겁을 먹고 배와 무기를 바다에 가라앉히고 도망 온 것이었습니다.

이순신은 원균의 행동에 화가 치밀었지만 꾹 참았습니다. 군사들 앞에서 장수끼리 얼굴을 붉힐 수는 없었습니다.
　5월 7일 한낮, 이순신 함대가 옥포 앞바다에 다다랐을 때였습니다. 앞서가던 척후선에서 불화살이 솟아올랐습니다. 적을 찾았다는 신호였습니다.

옥포 바닷가에 적의 배 수십 척이 있었습니다. 해안가 마을은 시뻘건 불길과 매캐한 연기로 가득했습니다. 왜적들은 이순신 함대를 보자마자 의기양양하게 배에 올랐습니다.

반면, 처음 왜적과 맞닥뜨린 수군들은 술렁였습니다. 어린 병사들은 두려움에 벌벌 떨고 나이 든 병사들도 얼굴이 하얘졌습니다. 장수들도 긴장한 듯 얼어 있었습니다.

이순신은 갑판 위로 올라가 천둥처럼 큰 목소리로 외쳤습니다.

"침착하라! 결코 가벼이 움직이지 말고, 큰 산처럼 무겁게 행동하라!"

술렁이던 군사들이 대열을 갖추었습니다.

"진격하라! 적의 배를 깨뜨려라!"

이순신은 제일 먼저 적진으로 돌격했습니다. 그 뒤를 부하 장수들이 따랐습니다. 옥포 앞바다에 천둥처럼 화포가 터졌습니다. 조선 수군은 적의 배를 에워싸고 불화살을 퍼부었습니다. 왜적들은 조총으로 맞섰으나, 거리가 먼 데다 펑펑 쏘아대는 화포 앞에 맥을 못 추었습니다.

"장수들은 힘껏 싸워 본보기를 보여라!"

이순신이 또다시 명령을 내리자 선봉 부대가 판옥선을 이끌고 적의 한가운데로 파고들었습니다. 판옥선이 적의 배를 들이받자 왜선들은 산산조각이 났습니다.

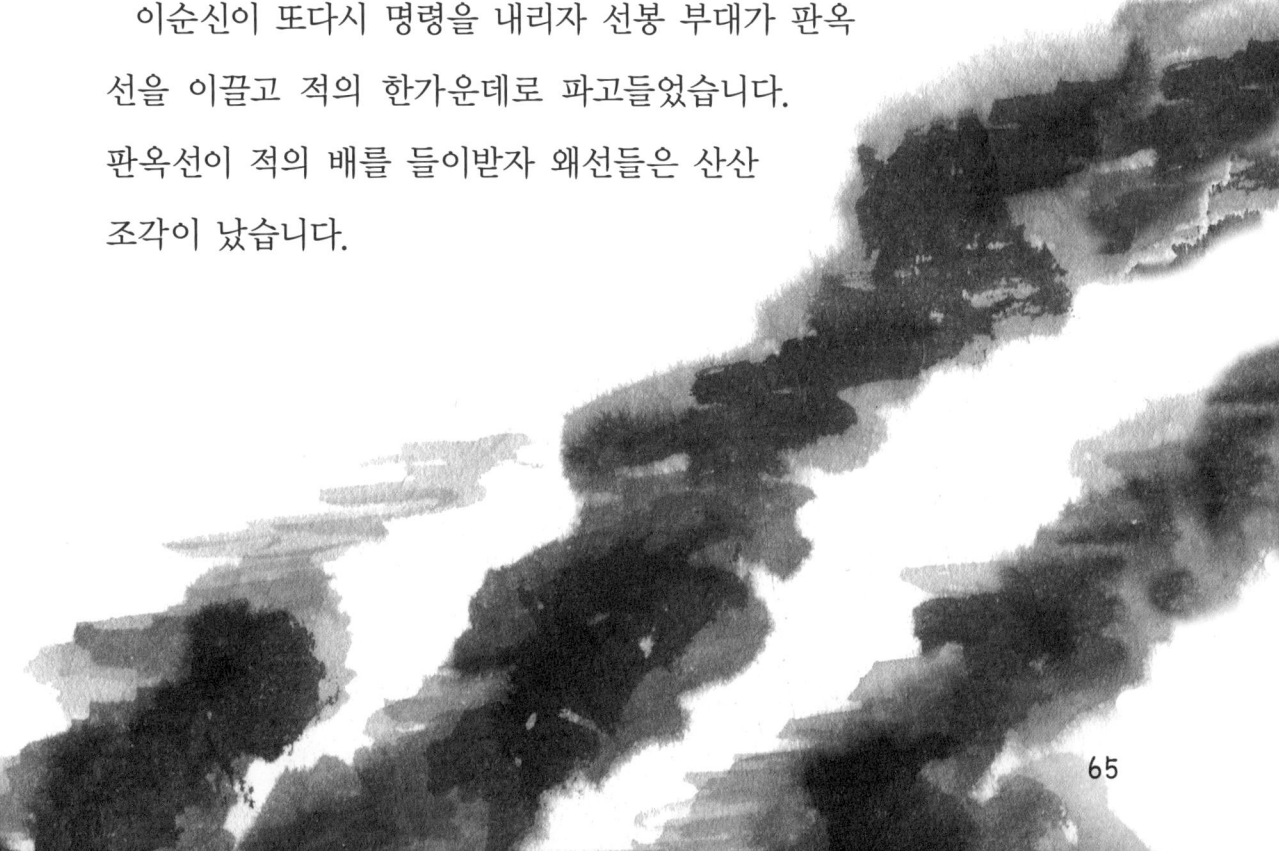

그 틈에 조선 수군들은 빗발처럼 불화살을 쏘았습니다.
잠시 후, 불길에 휩싸인 적의 배들이 바닷속으로 가라앉기 시작했습니다. 겨우 살아남은 왜적들은 달아나느라 바빴습니다.
"와, 이겼다! 우리가 왜적을 물리쳤다!"
병사들이 함성을 지르며 얼싸안았습니다. 부하 장수들도 감격하여

눈시울을 붉혔습니다.

"이 옥포 해전을 기억하라. 우리가 거둔 첫 승리이다!"

이순신의 말에 병사들이 두 손을 번쩍 들고 만세를 불렀습니다.

"조선 수군 만세!"

승리 또 승리!

조선 수군은 바다에서 계속 이겼지만 육지에서는 슬픈 소식만 날아왔습니다. 임금이 한양을 떠나 평양으로 피란을 가 있다는 소식도 들려왔습니다.

이순신 함대의 다음 출정일은 6월 3일이었습니다. 그러나 적선

이 나타났으니 도와달라는 원균의 요청을 받았습니다. 고민 끝에 이순신은 1592년 5월 29일 새벽, 스물세 척의 판옥선과 거북선을 이끌고 사천으로 향했습니다. 거북선의 첫 출전이었습니다.

사천에는 열두 척의 큰 왜선이 정박해 있었고,

왜군들은 육지의 높은 곳에 진을 치고 있었습니다. 조선의 배를 본 왜군들은 육지에서 조총을 쏘아댈 뿐 배에 오를 생각은 하지 않았습니다.

"사천 앞바다는 수심이 얕은 데다 썰물 때라 우리의 판옥선이 들어갈 수 없다. 그러니 작은 배 몇 척이 들어가 왜선에 싸움을 건 다음, 넓은 바다로 유인하는 작전을 쓰자."

이순신의 작전대로 우리 군선 몇 척이 왜선 가까이 다가가 공격을 시작했습니다. 그러다 슬며시 뱃머리를 돌렸습니다.

"조선 수군이 도망친다! 어서 쫓아가 박살을 내자."

왜군들이 부리나케 배에 올라 쫓아왔습니다. 때마침 조류도 밀물로 바뀌고 있었습니다. 넓은 바다로 물러가 기다리고 있던 이순신은 왜선이 나타나자 거북선을 앞세우고 공격을 시작했습니다.

거북선이 들이받자 적의 배는 힘없이 부서졌습니다. 뒤이어 거북선의 용 머리와 양쪽 포대에서 화포가 터졌습니다.

"우리를 잡으러 온 귀신 배가 틀림없어."

삽시간에 몇 척의 배가 부서지자 왜군들은 달아나기 시작했습니다.

우리 수군들은 해안 가까이까지 밀고 들어가서 왜선들을 모조리 격침시켰습니다.

"거북선 만세! 천하무적 조선 수군 만세!"

그 후 이순신의 전라 좌수영 군선 스물세 척, 원균의 경상 우수영 군선 세 척, 이억기의 전라 우수영 군선 스물다섯 척 등이 연합하여 총 쉰한 척의 대함대를 이루었습니다. 이 연합 함대는 이순신의 지휘 아래 움직이며 바다 곳곳을 누볐고 왜선을 닥치는 대로 격파했습니다.

연이어 패배한 왜적은 바다에 얼씬하지 못했습니다. 왜적은 식량과 무기를 지원받지 못하고, 전국 곳곳에서 일어난 의병에게 당하자 기세가 한풀 꺾였습니다. 육지와 바다에서 동시에 치려던 도요토미 히데요시의 작전은 실패하고 말았습니다.

"이순신을 없애고 전라도 앞바다를 차지하라!"

일본 수군들이 남쪽 앞바다에 총집결했고, 일본 장수 와키자카 야스하루는 견내량에 진을 쳤습니다.

7월 8일, 적의 낌새를 알아챈 이순신은 원균, 이억기와 함께 회의를 열었습니다.

"우리가 먼저 쳐들어갑시다!"

원균의 말에 이순신이 반대했습니다.

"안 됩니다. 섣불리 움직였다가는 도리어 우리가 크게 당합니다."

원균이 불쾌하다는 듯 이순신을 쳐다보았습니다.

'견내량을 포함한 통영 앞바다는 원래 나의 관할 지역이다. 내가 앞장서서 작전을 짜야 하는데.'

그러나 원균은 우수영을 지키지 못했고 자신의 함대 백여 척도 불살라 없앴습니다. 그런 엄청난 잘못으로 원균은 이순신에게 작전 지휘권을 내줄 수밖에 없었습니다.

'나도 빨리 공을 세워 체면을 세우고 싶단 말이다. 그리고 난 이순신이 정말 밉다.'

원균의 속마음도 모른 채 이순신은 부하들과 쉴 새 없이 작전을 짰습니다.

"이곳 견내량은 물길이 좁고 암초가 많

아서 판옥선이 움직일 수 없소. 또 패배한 왜적이 육지로 도망가면 우리 백성들이 큰 피해를 입을 것이오."
"장군의 말이 옳습니다. 그렇다면 어떻게 하는 것이 좋겠습니까?"
전라 우수사 이억기가 물었습니다.

"적을 한산도로 끌어냅시다. 그 사이 두 우수사의 함대는 근처 섬에 숨었다가 새로운 전술을 펼칠 것이오. 바로 학익진이오."

"학익진이라고요? 우리 함대를 학의 날개처럼 펼친 뒤 적을 에워싸 공격하자는 것입니까?"

이억기와 부하 장수들이 고개를 끄덕였습니다. 원균도 순순히 따를 수밖에 없었습니다.

드디어 전투가 시작되었습니다. 어영담이 빠른 배 다섯 척을 이끌고 견내량으로 들어갔습니다. 이순신 함대는 먼발치에서 조용히 뒤따랐습니다. 왜적들이 일제히 조총을 쏘자, 어영담이 왜선의 기세에 눌린 듯 뱃머리를 돌렸습니다. 이순신도 도망치듯 배를 돌렸습니다. 그것을 본 왜적들이 정신없이 쫓아왔습니다.

"드디어 적의 배들이 한산도로 나왔다. 뱃머리를 돌려 학익진을 펼쳐라!"

이순신의 명령에 북소리가 울리고 '학(鶴)'이라고 쓰인 깃발이 올라갔습니다. 뱃머리를 돌린 판옥선들과 섬 뒤쪽에 숨었던 판옥선들이 학의 날개 모양으로 늘어섰습니다. 그리고 적의 배를 좌우로 에워쌌습니다.

"함정이다! 신속히 빠져나가라!"

왜장은 그제야 사태를 눈치챘지만 이미 배 일흔세 척이 포위망에 갇혀 꼼짝도 하지 못했습니다. 왜장 와키자카 야스하루는 이순신의 학익진 전법에 많은 부하들을 잃고 자신은 간신히 탈출했습니다.

 또다시 백의종군

이무렵, 명나라와 일본이 조선을 따돌린 채 휴전 협상을 시작했습니다.

그리고 1593년 8월, 이순신은 경상도, 전라도, 충청도 수군을 총지휘하는 삼도 수군통제사가 되었습니다. 빨리 공을 세우고 싶었던 원균은 조정에 편지를 보내 이순신을 헐뜯었습니다. 선조와 조정 대신들은 그저 원균의 이야기만 듣고 이순신을 의심하기 시작했습니다.

어느새 3년이 흘렀고 명나라와 일본 간의 휴전 협상은 깨지고 말았습니다. 도요토미 히데요시는 또다시 조선으로 군사를 보냈습니다. 정유재란의 시작이었습니다.
"조선을 차지하려면 이순신부터 없애야 한다."

도요토미 히데요시의 명령이 떨어지자 왜장 고니시 유키나가가 음흉한 미소를 지었습니다.

'나는 원균이 이순신을 질투하고 선조와 조정 대신들이 이순신을 의심한다는 것을 알고 있다. 이순신을 없애려면 그를 함정에 빠뜨리는 수밖에.'

고니시 유키나가는 거짓 정보를 퍼뜨렸습니다.

"나는 전쟁을 끝내고 싶은데 내 경쟁 상대인 가토 기요마사는 전쟁을 계속하자고 주장하오. 가토의 부대가 1월 12일 조선으로 올 테니 이순신한테 치라고 하시오."

선조와 조정 대신들은 이 거짓 정보를 곧이곧대로 믿었습니다. 사실 가토 기요마사는 이미 부산에 와 있었습니다. 선조는 이순신에게 당장 부산 앞바다로 가라고 명령했습니다.

전하, 이것은 적의 속임수입니다.
부산은 왜군의 본거지가 있는 곳입니다.
자칫하면 조선 수군이 큰 위험에 빠질 수 있습니다.
부디 출격 명령을 거두어 주옵소서.

이순신의 편지에 이순신을 시기하던 신하들과 원균이 들고일어났습니다.

"전하, 저라면 적을 무찌르러 가겠나이다. 이순신은 겁쟁이처럼 목숨 걸고 싸우지 않았고 제 공을 가로챘습니다."

이순신은 깊은 고민에 빠졌습니다.

'전하의 명을 어기면 나는 벌을 받는다. 그러나 전하의 명을 따르면 병사들이 목숨을 잃을 게 뻔하다. 어떻게 하지? 어찌 되었든 나는 우리 수군을 희생시킬 수 없다.'

이순신은 임금의 뜻을 거역하고 싸우러 나가지 않았습니다.

"이순신이 출격하지 않았단 말이더냐? 당장 이순신을 잡아들여라."

1597년 2월 26일, 죄인이 된 이순신은 수레에 실려 한양으로 끌려갔습니다.

"장군님, 나라에서 어떻게 장군님을 벌한단 말입니까?"

"왜적은 누가 막고 우리 수군은 어찌합니까?"

백성들과 병사들이 이순신이 탄 수레를 붙잡고 울부짖었습니다.

"나는 꼭 돌아올 걸세. 그러니 그동안 이 바다를 잘 지키고 있게."

이순신은 감옥에 갇힌 뒤 모진 고문을 당했습니다. 친구 유성룡이 이순신을 구하기 위해 애썼지만 헛일이었습니다. 오히려 유성룡마저 벼슬자리에서 내쫓겼습니다.

"전하, 이순신이 어명을 어기고 싸우지 않은 데에는 반드시 이유가 있을 것입니다."

"전하, 이순신은 왜적이 가장 두려워하는 장수입니다. 그러니 이순신을 풀어 주십시오."

백성들과 뜻있는 선비들의 청이 빗발치자 선조는 이순신을 풀어 주었습니다. 그러나 도원수 권율 밑에서 백의종군하라는 명을 내렸습니다. 이순신의 두 번째 백의종군이었습니다.

이순신이 권율의 진지가 있는 경상도 합천 초계로 내려갈 때였습니다. 이순신의 어머니가 돌아가셨다는 소식이 날아왔습니다.

"어머니, 어머니! 이 불효자를 용서하십시오."

이순신은 땅을 치며 통곡했습니다.

이순신은 어머니의 관에 마지막 인사를 하고, 북받치는 슬픔을 안은 채 남쪽으로 떠났습니다.

아, 명량!

초계에서 지내던 이순신은 기가 막힌 소식을 들었습니다. 이순신의 뒤를 이어 삼도 수군통제사가 된 원균이 적의 함정에 빠져 칠천량에서 몰살을 당했다는 것이었습니다.

이순신은 수군 임시 진영이 있는 전라도 회령포를 향해 서둘러 길을 떠났습니다. 길 떠난 지 한 달 만에 이순신은 회령포에 닿았습니다. 거북선은 흔적 없이 사라졌고 판옥선은 겨우 열두 척만 남아 있었습니다. 이순신은 병사들을 다독이는 한편 각지로 흩어졌던 옛 부하 장수들을 불러들였습니다.

한편, 한양 궁궐에도 칠천량 싸움의 패배 소식이 전해졌습니다.

"원균과 조선 수군이 전멸했다고! 아, 내 잘못이로다."

선조는 크게 후회하면서 1597년 8월 3일, 이순신을 삼도 통제사에 다시 앉혔습니다.

그리고 명령했습니다.

"이순신은 바다에서의 싸움을 포기하고 육지에서 싸우라!"

'나는 바다를 포기할 수 없다. 죽는 한이 있어도 수군을 포기하지 않으리라.'

그날 밤, 이순신은 목숨을 건 편지를 썼습니다.

전하, 신에게는 아직도 배가 열두 척이나 남아 있고 저는 죽지 않았습니다. 죽을힘을 다해 싸우면 적을 쳐부술 수 있사오니 부디 수군을 없애지 마옵소서. 지난 5, 6년간 왜적이 조선을 집어삼키지 못한 것은 수군이 전라도 앞바다를 지켰기 때문입니다. 그런데 지금 바다를 버리면 왜적은 곧장 서해를 통해 한양까지 치고 올라갈 것입니다. 그리하면 이 나라는 더 큰 위험에 빠집니다.

전하! 저에게 이 바다를 지키게 해 주소서.

결국 이순신의 충성심에 감동한 선조는 이순신의 뜻에 따르기로 하였습니다.

이순신은 회령포의 앞바다가 너무 좁아 어란포로 진을 옮겼습니다. 그러는 틈틈이 새로 들어온 병사들에게 여러 훈련을 시켰습니다.

1597년 9월 14일, 정찰을 나갔던 척후병이 헐레벌떡 달려왔습니다.

"적의 배 200여 척이 쳐들어오고 있습니다."

이순신은 부하 장수들과 함께 새로이 작전을 짰습니다.

"적들은 서해를 거쳐 한양으로 갈 것이다. 그렇다면 남해에서 서해로 빠져나가는 가장 빠른 길목은 어디인가?"

"울돌목입니다. 울돌목은 암초가 많고 물살이 세기로 유명한 곳입니다. 물 흘러가는 소리가 흐느껴 우는 듯하여 '우는 바다'라는 뜻의 울돌목, 명량(鳴梁)이 되었지요. 게다가 물길이 워낙 좁아 배 서너 척도 간신히 드나들 수 있을 정도입니다. 이곳을 열두 척의 배로 막아서 있으면 충분히 막아 낼 수 있을 것입니다."

부하 장수들이 입을 모아 말했습니다.

이순신은 전투 준비를 마친 뒤, 병사들을 불러 모아 말했습니다.

"병법에 이르기를 죽기를 각오하고 싸우면 살 것이고, 살고자 하면 죽을 것이라고 했다. 또 한 사람이 길목을 잘 지키면 백 사람을 지킬 수 있다고 했다. 그러니 물러서거나 도망치지 말고 끝까지 싸워라!"

9월 16일 새벽, 이순신은 열두 척의 배를 이끌고 울돌목으로 가서 진을 쳤습니다. 주변의 섬과 해안가 산에는 피란 온 백성들이 모여 앞으로 벌어질 전투를 기다리고 있었습니다.

이윽고 적의 배가 보이기 시작했습니다. 모두 133척의 배가 바다를 새까맣게 덮으며 몰려왔습니다.

"조금도 겁낼 것 없다! 앞으로 나아가 저 왜적을 남김없이 무찌르자!"

이순신의 고함 소리가 터져 나왔습니다.

드디어 전투가 시작되었습니다. 먼저 조선 함대에서 우레와 같은 소리를 내며 화포가 날아갔습니다. 조선 수군과 왜군의 싸움은 치열했습니다.

그때 왜적의 대장선인 듯한 크고 호화로운 누각선이 다가왔습니다. 이순신은 이 누각선을 향해 집중적으로 화포를 쏘게 하였습니다. 그러자 붉은 옷을 입은 왜군 대장이 바다로 떨어졌습니다. 이순신은 대장의 시체를 끌어올려 돛대에 매달았습니다.

"적장이 죽었다. 구로시마가 죽었다!"

조선 수군들이 기뻐 소리쳤습니다.

때마침 울돌목의 물살이 바뀌기 시작했습니다. 장수를 잃고 사기가 꺾여 있던 왜적들이 허둥거렸습니다.

"바다도 우리 편이다! 힘내어 공격하라!"

이순신의 명령이 떨어지자, 조선 수군은 물살을 타고 나아가며 화포와 화살을 날렸습니다.

파도에 휩쓸린 왜선들은 서로 부딪혀 깨지거나 뒤집혔습니다.

좁은 울돌목을 먼저 빠져나가려 했지만 앞으로 나아가지도 못한 채 물속으로 가라앉았습니다. 왜선 120여 척이 침몰하고, 10여 척만이 가까스로 도망칠 수가 있었습니다.

"장하다, 병사들아! 장하다, 백성들이여! 이 명량 해전의 승리는 그대들이 이룬 것이다."

병사들은 서로 부둥켜안았습니다. 섬과 해안가 산 위에서 지켜보던 백성들도 소리 높여 외쳤습니다.

명량에서의 패배로 한양을 치려던 왜군의 계획은 수포로 돌아갔습니다.

그런데 왜군은 이 패배에 대한 앙갚음으로 아산에 있는 이순신의 집을 습격하여 이순신의 셋째 아들 면을 죽였습니다.

이 소식을 전해 들은 이순신은 너무 놀랐지만 다른 사람에게 슬픈 표정을 보이고 싶지 않았습니다. 그래서 하인의 방을 빌려, 그 안에서 하루 종일 눈물을 흘렸습니다.

장렬한 최후

"조선에 있는 군사들은 모두 철수하라."
1598년 8월 도요토미 히데요시가 마지막 유언을 남기고 숨을 거두었습니다. 남해안 일대의 본거지에 웅크리고 있던 왜적들은 서둘러 일본으로 돌아갈 준비를 했습니다.

"7년 동안 우리 땅을 피로 물들이고 돌아간다고?"

이순신은 부르르 몸을 떨었습니다.

지난봄에 이순신은 넓은 농토가 있는 고금도로 진을 옮겼습니다. 그리고 명나라 수군과 함께 싸울 태세를 갖추고 있었습니다. 이순신은 명나라 수군 장수 진린과 군사 작전을 의논하였습니다.

"진 장군, 11월 10일쯤에 순천 왜교에 있는 적들이 철수한다고 합니다."

"그렇다면 적들이 도망갈 길을 미리 막읍시다. 내 힘껏 돕겠소."

진린은 성질이 불같고 뇌물에 약한 사람이었습니다. 그러나 이순신을 무척 존경하였습니다. 곧 조선과 명나라 연합군이 결성되었습니다.

99

연합군이 왜교 앞바다를 막자 왜장 고니시 유키나가의 군대는 꼼짝없이 갇히게 되었습니다. 다급해진 고니시는 탈출하기 위해 고민하다가 한 가지 꾀를 냈습니다.

진린 장군, 전쟁도 끝나는데 명나라 군사들이 조선에서 싸울 필요가 있습니까? 우리는 순순히 돌아가겠으니, 장군께서는 우리가 남기는 무기와 전리품을 모두 가져가십시오. 그리고 제발 배 한 척만이라도 통과시켜 주십시오.

고니시는 진린에게 비밀 편지 한 통과 함께 뇌물을 바쳤습니다.
'피 한 방울 흘리지 않고 큰 공을 세우게 되었다. 빨리 명나라로 돌아가고 싶은데 잘되었군.'

진린은 고니시의 부탁을 들어주었습니다. 그런데 그 배는 다른 왜군에게 구원을 요청하러 가는 통신선이었습니다.
"진린 장군이 보내 주어서 왜선 한 척이 빠져나갔다고!"
뒤늦게 사실을 안 이순신은 어이가 없었습니다. 이순신은 급히 부하 장수들을 불러들였습니다.
"남해에 있는 적들이 몰려올 것이다. 틀림없이 노량 해협으로 올 것이다."

1598년 11월 18일 저녁, 예상대로 적선이 노량 앞바다에 몰려왔습니다. 적의 배는 무려 300여 척이 넘었습니다. 이때 자신의 실수를 깨달은 진린의 함대 140여 척도 달려왔습니다. 조선 수군과 왜적은 공격 기회를 엿보며 대치했습니다.

11월 19일 새벽 4시, 북이 울림과 동시에 화포들이 일제히 불을 뿜었습니다. 기다리고 있었다는 듯 왜선에서도 조총을 쏘아댔습니다.

잠시 후 적들의 배에서 검붉은 연기가 뿜어져 나왔습니다. 적의 많은 배들은 눈 깜짝할 사이에 깨지고 부서지고 물에 가라앉았습니다. 그것을 본 적들은 화들짝 놀라 관음포로 꽁무니를 내뺐습니다.

관음포는 언뜻 보기에는 트인 바닷길처럼 보이지만 사실은 막다른 곳이었습니다. 왜구들은 독 안에 든 쥐 꼴이 되었습니다.

이순신은 공격의 깃발을 흔들고 북을 치며 관음포 깊숙이 배를 몰고 들어갔습니다. 도망갈 길이 막힌 왜군들은 처절하게 대항했습니다.

"이 전쟁은 조선과 왜의 싸움이오."

그러면서 이순신은 명나라 수군과 진린을 안전한 뒤쪽으로 내보냈습니다.

어느덧 아침 해가 바다 위로 떠올랐습니다. 또다시 화포와 불화살이 어지러이 날았습니다.

"이제 적의 패배가 머지않았다! 병사들은 힘을 내라!"

이순신은 뱃머리에 우뚝 서서 지휘를 하고 있었습니다.

바로 그때였습니다. 어디선가 날아온 총탄이 이순신의 가슴을 뚫었습니다.

"억!"

짧은 비명과 함께 이순신은 그 자리에 쓰러졌습니다.
"장군님, 장군님!"
조카 완이 급히 이순신의 팔을 잡고 부축하여 일으키려 하였습니다.
"방패로 내 몸을 가려라! 그리고 지금은 싸움이 한창이다. 내가 죽었다는 말을 하지 마라."

이순신은 가쁜 숨을 내쉬며 마지막 말을 남겼습니다.

싸움은 막바지로 치달았습니다. 조카 완은 흐르는 눈물을 참으며 깃발을 흔들었습니다.

정오 무렵에야 싸움은 끝이 났습니다.

"왜적이 물러갔다!"

"이제 전쟁이 끝났다!"

그러나 잠시 후 조선 수군의 기쁜 함성은 슬픈 통곡으로 바뀌었습니다.

"장군, 가시면 안 됩니다. 저희를 남겨 두고 어디로 가신단 말입니까?"

병사들은 넋이 빠져 주저앉아 울음을 터뜨렸습니다.
그렇게 이순신의 죽음과 함께 참혹했던 전쟁은 끝이 났습니다.

초등 저학년을 위한 첫 역사책!

안녕? 역사야 (전9권)

〈안녕? 역사야〉 시리즈는

도깨비들이 과거로 날아가 역사의 궁금증을 풀어 주는 재미난 형식의 책입니다.
초등학교 한국사 교과서 내용을 아주 쉽게 알려주는 〈안녕? 한국사〉와
세계를 바라보는 넓은 시야를 갖게 해 주는 〈안녕? 중국사〉 세트로 구성되어 있습니다.
저학년의 눈높이에 맞춘 내용과 그림, 그리고 전문가의 꼼꼼한 감수까지 거친
〈안녕? 역사야〉 시리즈는 진정한 의미의 저학년 첫 역사책입니다.

안녕? 한국사 (전6권)

1권 선사 시대 우리 조상이 곰이라고?
2권 삼국 시대 최후의 승자는 누구일까?
3권 고려 시대 우리나라는 왜 코리아일까?
4권 조선 시대① 조선에 에디슨이 살았다고?
5권 조선 시대② 조선은 왜 망했을까?
6권 근현대 우리는 왜 남북으로 갈라졌을까?

글그림 백명식 | 감수 김동운(전 국사편찬위원회 교육연구관)
각 권 90쪽 내외

안녕? 중국사 (전3권)

1권 고대 중국 역사의 시작
2권 중세 통일된 중국, 세계에 우뚝 서다
3권 근현대 중국에 부는 변화의 바람

글 이한우리, 송민성 | 그림 이용규 | 감수 이근명(한국 외대 사학과 교수)
각 권 80쪽 내외